Cet album reprend l'édition originale de 1960.

© Miroslav Sasek, 1960
© casterman 1960.

© casterman 2009 pour la présente édition.
www.casterman.com

Mise en page : Muriel Lefebvre

L'éditeur n'a pu, en dépit de ses recherches, identifier le ou les ayants droit de Miroslav Sasek (1916-1980).
Il les invite, le cas échéant, à se faire connaître.

ISBN 978-2-203-02243-0
Dépôt légal : mars 2009
D. 2009/0053/124

Déposé au ministère de la Justice, Paris (loi n°49.956 du 16 juillet 1949 sur les publications destinées à la jeunesse).

Imprimé en Italie.

M. Sasek

LONDRES

CASTERMAN

– Voici Londres !
– Mais on ne voit rien !

– C'est à cause du brouillard. Le célèbre brouillard londonien ! Le plus souvent, Londres se présente…

... comme ceci !

Londres est la capitale de l'Angleterre et le cœur du Commonwealth. C'est la plus grande ville du monde.

« Marché bourdonnant du commerce », comme l'appelait l'historien romain Tacite voici mille neuf cents ans.

Il y a dix mille rues à Londres. Si vous n'arrivez pas à trouver l'une d'entre elles, interrogez un agent de police.

Celui-ci fait partie de la police métropolitaine (bracelet bleu).

Vous rencontrerez celui-ci dans la Cité.

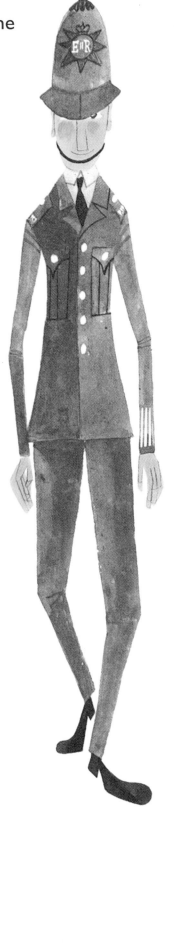

La Cité de Londres – le Londres de l'époque romaine – est le centre autour duquel l'immense capitale a grandi.

Au cœur de la Cité s'élève la Banque d'Angleterre. « La vielle dame de Threadneedle Street » est la banque la plus importante du monde. Le bâtiment à droite est le Royal Exchange, ou Bourse des valeurs.

La Cité de Londres n'a que cinq mille habitants, mais des centaines de milliers de personnes travaillent ici pendant le jour.

Les voici arrivant le lundi…

… et les voici chez eux le dimanche.

La cathédrale Saint-Paul, construite de 1675 à 1710 par Christopher Wren, renferme les tombeaux de nombreux personnages célèbres tels Nelson et Wellington. L'architecte, Christopher Wren, y est également enterré. Sur sa tombe, on lit cette inscription: «Si vous cherchez mon monument, regardez autour de vous.»

L'une des plus petites et des plus anciennes églises de Londres : Sainte-Ethelburge.

Voici le Monument édifié par Wren pour commémorer le Grand Incendie qui, en 1666, ravagea presque toute la ville.

Non loin de là se tient le marché au poisson de Billingsgate. Grâce à son chapeau fait de cuir et de bois, ce porteur peut transporter sur sa tête les poissons les plus lourds.

15

Voici Fleet Street, la rue
des journaux, telle qu'on
l'aperçoit du haut d'un bus.

Et voici l'un des six mille bus rouges qui sillonnent Londres.

Les verts desservent la périphérie, verte elle aussi.

Pour prendre le bus, vous devez faire la queue…

... même si vous êtes tout seul.

Pour le Londonien, faire la queue est une sorte de sport. Il y a des clowns qui gagnent leur vie à divertir les gens qui font la queue devant un théâtre ou un cinéma.

Piccadilly Circus, le soir.

On dit que le fameux théâtre de Drury Lane…

… est hanté.

L'église voisine, celle des artistes,
s'appelle Saint-Paul, comme la
cathédrale. Alentour se tient le
marché de Covent Garden.

– Taxi ! Taxi !

Comme le parapluie (même par temps sec), le chapeau melon est un élément essentiel de l'élégance anglaise.

C'est dans ce magasin qu'on vend depuis 1765 les meilleurs chapeaux melons du monde.

La lettre L (= LEARNER) indique que le conducteur n'a pas encore passé son permis de conduire.

Le palais de Saint-James, construit par Henry VIII, fut jadis la résidence des rois et des reines d'Angleterre.

De nos jours, la reine habite le palais de Buckingham.

Devant le palais, il y a des bonnets à poils, et sous les bonnets à poils, il y a des gardes. Les régiments de la Garde fournissent à tour de rôle les sentinelles du palais ; ils se distinguent par le plumet.

Les Coldstream

Les Grenadiers

La Garde irlandaise

La Garde galloise

La Garde écossaise n'a pas de plumet.

L'immobilité des gardes à cheval à Whitehall est parfaite.

Voici Trafalgar Square avec la colonne de Nelson, la National Gallery (musée de peinture), les marchands de cacahuètes, les pigeons et les flâneurs.

C'est dans l'abbaye de Westminster que les rois et les reines d'Angleterre ont été couronnés, depuis Guillaume le Conquérant en 1066 jusqu'à Elizabeth II en 1953.

Depuis plus de sept cents ans, le palais de Lambeth est la résidence londonienne des archevêques de Canterbury.

Une autre demeure célèbre : le 10 Downing Street, résidence du Premier Ministre.

Le Parlement, qui se trouve sur l'emplacement d'un ancien palais royal,
renferme onze cours intérieures, cent escaliers, mille pièces et plus de trois
kilomètres de couloirs.

À gauche, la tour Victoria. Quand le Parlement est en séance,
le pavillon britannique flotte au grand mât qui la surmonte.

Lors des séances de nuit, une lumière brille au faîte de la tour
de l'Horloge, dont la grande aiguille a plus de quatre mètres.
La célèbre cloche « Big Ben » sonne toutes les heures.

Une promenade sur la Tamise ? Choisissez un des bateaux de plaisance amarrés le long des quais.

Tower Bridge, le pont de la Tour, est le dernier pont sur la Tamise avant la mer, encore éloignée de quatre-vingts kilomètres. Ici commence le port de Londres.

Huit cents navires quittent le port de Londres chaque mois à destination du monde entier.

La Tour de Londres, dont le donjon central ou Tour Blanche date de Guillaume le Conquérant, a été successivement une forteresse, un palais, une prison. C'est maintenant un musée.

De toute l'Angleterre, écolières et écoliers viennent admirer ce haut lieu historique.

Les gardiens de la Tour, surnommés « Beefeaters » (mangeurs de bœuf), habitent ici depuis des siècles.

Les corbeaux aussi. D'après une vieille légende, si les corbeaux quittent la Tour, elle s'écroulera, et avec elle l'Empire britannique. Un « maître des corbeaux » est officiellement chargé de nourrir six de ces volatiles.

À proximité de la Tour, on peut admirer le «Discovery», navire polaire utilisé jadis par le capitaine Scott.

À 8 km en aval de Londres se trouve l'observatoire de Greenwich, par où passe le premier méridien servant à calculer les longitudes du monde entier.

Mais il y a des institutions bien plus importantes aux yeux des Londoniens : les marchands de journaux…

… les restaurants populaires appelés Lyons…

… et les laitiers qui portent le lait à domicile.

Londres compte plusieurs grands et beaux parcs : on peut s'y asseoir sur l'herbe.

Voici la statue de Peter Pan à Kensington Gardens...

... une nurse majestueuse.

À Hyde Park, les orateurs en plein vent rassemblent une foule attentive.

Prenons le métro qui s'appelle ici Underground…

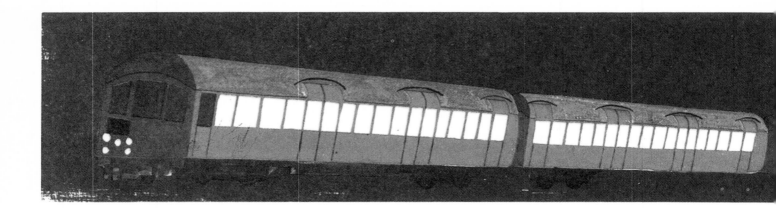

... et transporte chaque jour deux millions de passagers.

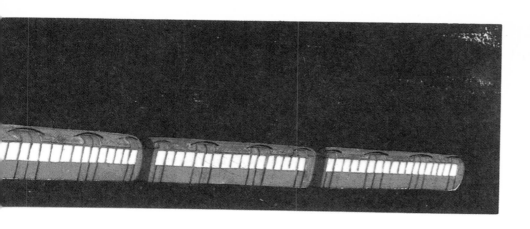

N'oubliez pas de garder votre ticket…

… vous devrez le présenter à la sortie.

Reprenons notre promenade à l'air libre. Voici
Grosvenor Square avec le mémorial Roosevelt.

On trouve encore à Londres de nombreux spécimens d'architecture ancienne, telle cette petite maison immortalisée par Charles Dickens…

… ou ces maisons dans High Holborn; elles ont été construites du temps de la première Elizabeth.

La meilleure façon de voir Londres est de monter sur l'impériale d'un bus ;
mais la meilleure façon de voir le zoo, c'est de monter sur l'éléphant.

Les Anglais aiment beaucoup
assister à un match de cricket le
samedi après-midi.

Le dimanche matin, vous pouvez aller au marché
en plein air de Petticoat Lane.

Le roi Charles II fonda l'hospice de Chelsea qui recueille les vétérans de l'armée.

Chaque pensionnaire porte l'uniforme, avec son ancien grade et toutes ses décorations.

Au mois de mai se tient à Chelsea une grande
exposition florale.

Si vous aimez grimper dans les arbres, allez au parc de Battersea.

Si vous aimez les fleurs, achetez un bouquet de lavande ; c'est le parfum préféré des Anglais.

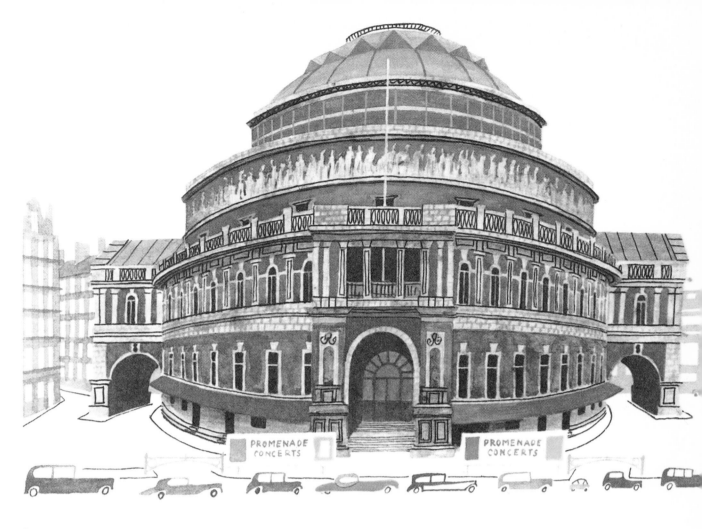

Si vous aimez la musique, allez au Royal Albert Hall

ou au Royal Festival Hall.

Et ne manquez pas d'explorer les musées. Ils sont aussi riches que nombreux.

Au musée de la Science, vous pouvez admirer la plus ancienne locomotive du monde : Puffing Billy, construite en 1813…

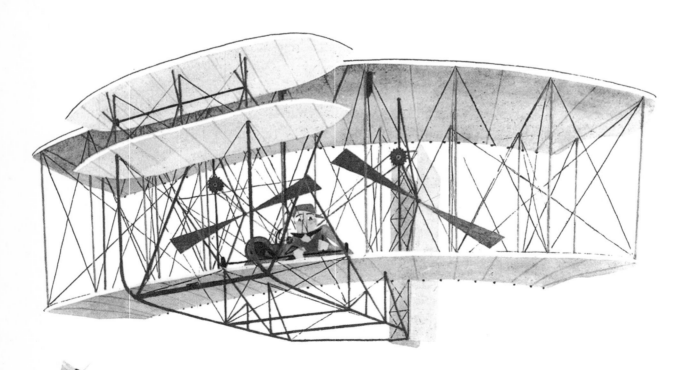

… et une reproduction exacte de l'aéroplane grâce auquel, en 1903, les frères Wright firent leur premier vol.

… vous verrez des momies égyptiennes vieilles de quatre mille ans.

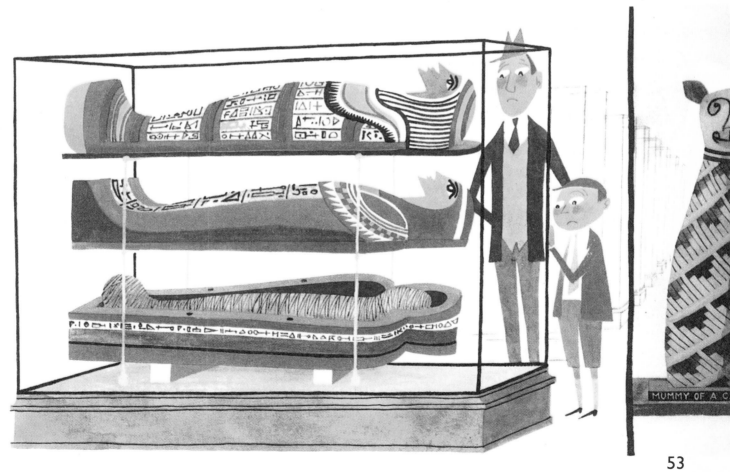

La plupart des Londoniens s'appellent Smith. Le plus
célèbre d'entre eux vend des livres et des journaux.
Voici un de ses kiosques dans la gare de Waterloo.

Il y a beaucoup de grands magasins à Londres. Selfridges et Harrods sont parmi les plus grands et les plus connus. On y vend de tout, mais…

… ni cet Africain, ni cet Écossais n'y achèteront de pantalons !

On découvre à Londres de petites rues calmes appelées « mews », dont les maisons étaient autrefois des écuries.

À gauche, un «pub». Jetez-y un coup d'œil, car les enfants n'y sont pas admis; les dames y vont rarement. Les hommes s'y retrouvent entre eux pour jouer aux fléchettes et boire de la bière.

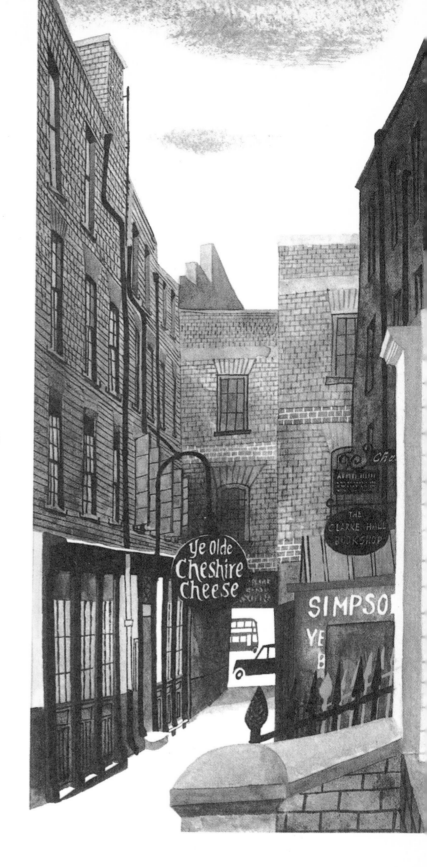

«The Cheshire Cheese» (le fromage de Chester) est le nom d'un des plus vieux «pubs» de Londres.

La cour d'assises de Londres s'appelle « Old Bailey ».

Vous y rencontrerez des gens portant perruque :
les juges et les avocats.

Bien connu des amateurs de romans et de films policiers, Scotland Yard
est le quartier général de la police.

Nous serions incomplets si nous ne mentionnions
pas ce modeste personnage de la vie londonienne :
le nettoyeur municipal.

Et la pluie va nous donner l'occasion d'ouvrir notre parapluie,

car, ne l'oublions pas… nous sommes à Londres.

LONDRES d'hier…
et d'aujourd'hui

Cet ouvrage a été écrit et illustré en 1960, il y a presque cinquante ans. Forcément, le visage de la capitale du Royaume-Uni n'est aujourd'hui plus le même ; certaines des scènes évoquées dans ce livre ont disparu, d'autres se sont installées ; l'aspect des rues, des immeubles, des commerces, le style des automobiles, des vêtements, des uniformes… tout a changé.
D'hier à aujourd'hui, voici quelques-unes des transformations les plus marquantes et les plus facilement visibles :

Page 9 Avec ses 1 600 km², l'agglomération de Londres (*Greater London*) est toujours l'une des plus vastes au monde. Mais pour le nombre d'habitants, des villes comme Tokyo, Mexico, New York, Bombay, Seoul, Los Angeles ou São Paulo dépassent de loin la capitale britannique.

Page 10 L'uniforme des policiers de Londres est maintenant de couleur noire. La plupart portent une casquette plutôt que le casque traditionnel.

Page 12 La *City* est toujours active, mais de nombreux sièges de banques et services financiers se sont installés dans les nouveaux quartiers de Canary Warf, à l'est de la ville.

Page 17 Les célèbres autobus rouges à impériale *Routemaster* font partie du paysage londonien. Mais ils cèdent souvent la place à des voitures modernes, beaucoup plus maniables dans le trafic.

Page 33 Il existe aujourd'hui un nouveau pont sur la Tamise entre Londres et la mer : le pont Elizabeth, construit en 1988 à Dartford.

Page 36 On ne visite plus le vieux *Discovery*, mais deux autres bateaux sont installés sur la Tamise :

le croiseur de la Seconde Guerre mondiale *HMS Belfast*, amarré près de London Bridge, et le *Cutty Sark*, clipper du XIXᵉ siècle que l'on peut visiter à Greenwich.

Page 38 Les restaurants *Lyons* ont disparu vers 1980, victimes du succès grandissant des fast-foods. Moins nombreux qu'autrefois, les laitiers continuent à livrer de bon matin à domicile.

Page 43 Comme dans toutes les grandes villes, les tickets de métro sont souvent remplacés par des cartes d'abonnement. Et ce sont des tourniquets automatiques qui contrôlent la validité des billets.

Page 46 Le zoo de Londres est toujours l'un des plus beaux au monde, mais on ne le visite plus à dos d'éléphant.

Page 48 D'autres marchés aux puces attirent des milliers de visiteurs, comme celui de Camden, un quartier situé au nord de Regent's Park.

Page 56 Dans les célèbres pubs, il est désormais strictement interdit de fumer.

Depuis 1960, de nombreux édifices ou monuments ont fait leur apparition dans le paysage londonien. On citera notamment : The London Eye, *grande roue haute de 135 m installée face à la cathédrale Saint-Paul,* le Millenium Bridge, *pont suspendu inauguré pour l'an 2000, la* Tate Modern, *musée d'art moderne installé dans une ancienne usine,* le Globe Theater, *réplique du théâtre où Shakespeare a créé ses pièces, et la nouvelle gare de Saint Pancras, terminus du train Eurostar en provenance de Paris ou Bruxelles.*